记住乡愁
——留给孩子们的中国民俗文化

刘魁立 ◎ 主编

荣 新 ◎ 编著

第十辑 民间信俗辑

本辑主编 黄景春

鲁班

黑龙江少年儿童出版社

编委会

主　　任　刘魁立

副主任　叶　涛　施爱东　李春园

编委会　叶　涛　刘魁立　刘伟波　刘晓峰　刘　托
　　　　　孙冬宁　陈连山　李春园　张　勃　林继富
　　　　　杨利慧　施爱东　萧　放　黄景春

丛书主编　刘魁立

本辑主编　黄景春

序

  亲爱的小读者们，身为中国人，你们了解中华民族的民俗文化吗？如果有所了解的话，你们又了解多少呢？

  或许，你们认为熟知那些过去的事情是大人们的事，我们小孩儿不容易弄懂，也没必要弄懂那些事情。

  其实，传统民俗文化的内涵极为丰富，它既不神秘也不深奥，与每个人的关系十分密切，它随时随地围绕在我们身边，贯穿于整个人生的每一天。

  中华民族有很多传统节日，每逢节日都有一些传统民俗文化活动，比如端午节吃粽子，听大人们讲屈原为国为民愤投汨罗江的故事；八月中秋望着圆圆的明月，遐想嫦娥奔月、吴刚伐桂的传说，等等。

  我国是一个统一的多民族国家，有56个民族，每个民族都有丰富多彩的文化和风俗习惯，这些不同民族的民俗文化共同构筑了中国民俗文化。或许你们听说过藏族长篇史诗《格萨尔王传》

中格萨尔王的英雄气概、蒙古族智慧的化身——巴拉根仓的机智与诙谐、维吾尔族世界闻名的智者——阿凡提的睿智与幽默、壮族歌仙刘三姐的聪慧机敏与歌如泉涌……如果这些你们都有所了解，那就说明你们已经走进了中华民族传统民俗文化的王国。

你们也许看过京剧、木偶戏、皮影戏，看过踩高跷、耍龙灯，欣赏过威风锣鼓，这些都是我们中华民族为世界贡献的艺术珍品。你们或许也欣赏过中国古琴演奏，那是中华文化中的瑰宝。1977年9月5日美国发射的"旅行者1号"探测器上所载的向外太空传达人类声音的金光盘上面，就录制了我国古琴大师管平湖演奏的中国古琴名曲——《流水》。

北京天安门东西两侧设有太庙和社稷坛，那是旧时皇帝举行仪式祭祀祖先和祭祀谷神及土地的地方。另外，在北京城的南北东西四个方位建有天坛、地坛、日坛和月坛，这些地方曾经是皇帝率领百官祭拜天、地、日、月的神圣场所。这些仪式活动说明，我们中国人自古就认为自己是自然的组成部分，因而崇信自然、融入自然，与自然和谐相处。

如今民间仍保存的奉祀关公和妈祖的习俗，则体现了中国人崇尚仁义礼智信、进行自我道德教育的意愿，表达了祈望平安顺达和扶危救困的诉求。

小读者们，你们养过蚕宝宝吗？原产于中国的蚕，真称得上伟大的小生物。蚕宝宝的一生从芝麻粒儿大小的蚕卵算起，中间经历蚁蚕、蚕宝宝、结茧吐丝等过程，到破茧成蛾结束，总共四十余天，却能为我们贡献约一千米长的蚕丝。我国历史悠久的养蚕、丝绸织绣技术自西汉"丝绸之路"诞生那天起就成为东方文明的传播者和象征，为促进人类文明的发展做出了不可磨灭的贡献！

小读者们，你们到过烧造瓷器的窑口，见过工匠师傅们拉坯、上釉、烧窑吗？中国是瓷器的故乡，我们的陶瓷技艺同样为人类文明的发展做出了巨大贡献！中国的英文国名"China"，就是由英文"china"（瓷器）一词转义而来的。

中国的历法、二十四节气、珠算、中医知识体系，都是中华民族传统文化宝库中的珍品。

让我们深感骄傲的中国传统民俗文化博大精深、丰富多彩，课本中的内容是难以囊括的。每向这个领域多迈进一步，你们对历史的认知、对人生的感悟、对生活的热爱与奋斗就会更进一分。

作为中国人，无论你身在何处，那与生俱来的充满民族文化DNA的血液将伴随你的一生，乡音难改，乡情难忘，乡愁恒久。这是你的根，这是你的魂，这种民族文化的传统体现在你身上，是你身份的标识，也是我们作为中国人彼此认同的依据，它作为一种凝聚的力量，把我们整个中华民族大家庭紧紧地联系在一起。

《记住乡愁——留给孩子们的中国民俗文化》丛书，为小读者们全面介绍了传统民俗文化的丰富内容：包括民间史诗传说故事、传统民间节日、民间信仰、礼仪习俗、民间游戏、中国古代建筑技艺、民间手工艺……

各辑的主编、各册的作者，都是相关领域的专家。他们以适合儿童的文笔，选配大量图片，简约精当地介绍每一个专题，希望小读者们读来兴趣盎然、收获颇丰。

在你们阅读的过程中，也许你们的长辈会向你们说起他们曾经的往事，讲讲他们的"乡愁"。那时，你们也许会觉得生活充满了意趣。希望这套丛书能使你们更加珍爱中国的传统民俗文化，让你们为生为中国人而自豪，长大后为中华民族的伟大复兴做出自己的贡献！

亲爱的小读者们，祝你们健康快乐！

二〇一七年十二月

目 录

三百六十行，无祖不立 …… 1

形形色色的行业神 …… 13

鲁班其人 …… 25

民间智慧的体现——鲁班的发明创造 …… 31

鲁班的传说故事 …… 41

鲁班信仰与祭拜习俗 …… 61

三百六十行，无祖不立

|三百六十行，无祖不立|

市井中的民间百业，俗说有三百六十行。历史上，各行各业均有供奉行业神的习俗，因此有"三百六十行，无祖不立"的说法。

行业神是中国民间信仰中的一大类型，又称行业祖师爷、保护神，是各行各业从业者供奉的用来保佑自己和本行业利益的神灵。行业神大致可以分为两类，一类是行业祖师神，一般为该行业的开创者或有功者，他们或是这一行业中的能工巧匠，或是在该行业发展过程中做出过突出贡献、有名望的人物；另一类是行业保护神，对从业者来说，各种突如其来的灾祸都可能使他们的行业难以为继，所以他们需要寻找超凡力量来护佑自己。农、工、商各业根据其行业的需要，供奉专司某一方面职责的神灵，即行业保护神。例如：火神被书坊、粮店、当铺等怕火的行业奉为行业保护神，沿海地区的渔民信奉的保护神是妈祖。需要说明的是，祖师神除具备保护行业的功能外，还被当作祖师来崇拜，而保护神只具备单纯的保护功能，并未被当作祖师来崇拜。

行业神出现的前提是社会分工的细致化和各行各业的产生。随着社会分工日渐细化，行业越来越多，行业专业化程度越来越高，行业神的数量和种类自然也就越多。

行业神信仰的组织基础是行业团体的建立。传统行业组织主要是行会或行帮，是从业者为维护自身利益而组成的行业团体。行业组织大致产生于隋唐时期，到了宋代，行会已颇为发达。行业团体为了本行业的发展壮大，以行业神为旗帜来号召同一行业的从业人员维护行规，这就促使行业神的地位越发稳固。明清时期，商品经济发展，社会分工日益细化，大量的新行业不断涌现，再加上行业组织的数量剧增，崇拜行业神的活动也空前高涨。清人纪昀在《阅微草堂笔记》中说："百工技艺，各祠一神为祖。"各行各业都有自己的行业神，而且行业组织的奉神活动十分活跃，甚至出现了许多行业和行业组织的名称以所奉之神命名的现象，比如鲁班教、鲁班社、老君会、老君行、蒙恬会、梅山会、孙祖会、窑神社等。

行业神信仰产生的心理

| 炉火之神神像

基础是趋吉避凶、祈福禳灾的观念。在古代社会，各行各业的工作往往十分辛苦，特别是有些行业具有较高危险性或不可控性，比如渔业、煤业、陶瓷业、冶铸业等，从业者为求得精神寄托和心灵慰藉，虔诚地祈求神灵对自己和本行业的生产进行庇佑，对于神灵的崇拜异常热切。例如：危险性很高的煤业的从业者多供奉窑神，以求"窑神赐乌金而兴宝藏"，且保佑平安。从业者往往相信所奉之神能保佑自己免灾除难，因此，如果从业顺利或获得成功，从业者便认为是祖师显灵护佑的结果；若有解决不了的困难和问题，从业者便认为是神不佑我，"祖师爷不给饭吃"。

行业神崇拜还与人们崇德报功、报偿答谢的心理有关。各行业谋生都不容易，行业技艺被视为谋生之本，这就使从业者十分感激保佑自己生存和赐予谋生手段的行业神。如湖笔的原产地浙江湖州善琏村，"皆以笔为世业，笔工不忘所始，故有

| 陶瓷业行业神——窑神童宾雕像 |

祠宇以祀蒙公（恬），香火颇盛"，笔工们感恩笔业祖师蒙恬发明之功，立祠以祭祀，且香火旺盛。

行业祖师神的设立与中国传统的祖先崇拜观念是密不可分的。一方面，行业祖师神的崇祀类似于一种社会化了的祖先崇拜，可以看作是祖先崇拜的信仰模式在农、工、商等各行业、各社会群体中的延伸。中国祖先崇拜的传统由来已久，已成为全社会认同的价值观，慎终追远、祭祀祖先亡灵的传统早已成为华夏民众信仰的重要特征。崇古、敬祖、重传统等意识表现在行业内部就是行业神崇拜。另一方面，行业神崇拜也受到中国传统观念——尊师重道的观念影响。在从业者的心目中，作为创业之师的祖师的地位极为尊崇，从业者必要恭敬待之。

行业神崇拜的出现是各行业借神自重的社会需要。在古代，农、工、商等行业的从业者社会地位低下，在他们看来，祖师的身份、地位不仅关系到本行业在诸业中的地位，还关系到本行业在社会上的地位和名声——祖师的身份高贵、地位崇高，自然会抬高行业的地位和名声，有利行业的经营和发展。因此，从业者总是力图抬高本行业祖师的身份和地位。一方面，各行业多选取身份尊贵、有名望、受尊敬的人物作为祖师，如帝王将相和文化名人，以此显示本行业来历不凡。例如：酸梅汤商贩和乞丐都将明太祖朱元璋奉为祖师。据说朱元璋曾贩卖过乌梅，因此朱元璋被酸梅汤商贩奉为祖师。又相传朱元璋少时孤贫，曾出家为僧，四处云游化缘。或传说他曾遇困厄，以致讨饭度日，有两名乞丐以饭相赠。朱元璋当上皇帝以后，钦准乞丐逢门行乞，他便被乞丐奉为祖师。另一方面，从业者又极尽可能地抬高和夸耀本行业所信奉的祖师。例如：鲁班被后世的木匠称为"圣帝"；厨业所信奉的祖师詹王，本是传说中的厨师，而后世的厨师尊称其为"詹王大帝"。就连本行业所使用的工具也会被抬高身价，如奉吕洞宾为祖师的理发匠说剃头刀是由吕洞宾那把能斩黄龙的宝剑变成的。

行业神的祭祀活动主要在祖师庙、行业会所或从业者的家中或者工作场所进行。各行业为祭祀祖师往往修建祖师庙，如老郎庙、老君堂、鲁班殿、文昌阁、梅葛祠等。修建祖师庙是行业中的大事，届时，同业中人都会踊跃捐款。庙宇建成后，人们还要举行庆典，刻

| 明太祖朱元璋画像 |

记住乡愁——留给孩子们的中国民俗文化

首都博物馆展品——剃头匠

的神龛立在炼铁炉上，而戏班往往在后台设老郎祖师的牌位。

对于行业组织而言，供奉行业神的活动十分重要，奉神活动的组织安排和有关规定常被写入行业组织的章程和规约中，可见活动之隆重。行业神诞日的活动往往规模很大，场面热烈而隆重，其主要活动有焚香上供、演戏酬神、迎神赛会、宴饮聚会、商议本行公事、交流技艺等。清代同治年间长沙《锡店条规》载："一议每年三月二十七日恭逢炉神先师瑞诞，值年先期传知同行，将应出之香钱，如期收齐，演戏敬神。"表明从业者对待祖师诞日的活动是十分看重的。过去，北京的纸坊工人以蔡伦为祖师，在每年的农

碑纪念。由于祭神往往是旧时的同乡会馆、同业公所的基本职能，所以在会馆、公所里也大都建有祭神的殿堂，便于从业者酬神。另外，从业人员也会在家中或从业的地方设龛或供奉牌位、神像祭神，例如：蚕农在家中设蚕神神龛，木工在家中供祖师鲁班的牌位，胥吏在家中设祖师萧何或曹参神像，铁匠在店里祀老君神像，药材店则供奉孙思邈神像，茶铺将祖师陆羽的神像供在炉子上，剑铺将祖师欧冶子

历三月十七日蔡伦的诞日，本行业的工人都休息一天，他们穿戴整齐，携带家眷到蔡伦庙里，庆祝祖师诞辰。拜谒祖师像后，大家汇聚到戏台前看戏；散戏后，大伙儿饱餐一顿，串亲访友，聊天叙旧。宁波昆剧戏班每到农历六月十一日老郎祖师诞辰，从业者都要到老郎庙上庆寿，演戏酬神。戏从农历六月初一就开始上演，直至农历六月十一日止，其间，各戏班轮流演出。因为是为祖师演戏，所以各戏班都竭尽所能，以示对祖师的崇敬和祝贺。每天戏开场前，戏班先派人去大街小巷敲锣，广为告知，民众也纷涌至老郎庙看免费而又格外精彩的戏，十分热闹。北京西郊煤窑业庆贺窑神生日时要大摆筵席，窑主请伙计和社会各界人士在窑上喝酒吃饭，不论哪个行业的人都可以入席。另外，在店铺开张、行会成立、学徒拜师出师、某项重要工作完成等场合都有祭祀行业神的内容，以酬谢神佑。许多行业在逢年过节时，如春节、元宵节、清明节、

| 太上老君（老君）神像 |

端午节、中秋节等，除供奉祖宗之外，还要供奉本行业祖师，甚至演戏敬神。

行业神的作用主要表现在给予从业者精神寄托、团结并约束同业以及鼓励从业者敬业进取等方面。

首先，行业神能帮助从业者获取心理慰藉。从业者相信祖师能够消灾纳福、保佑平安，正是因为秉持这种信念，他们在面对恶劣的生产环境、艰辛的生产过程时，能够获得心理慰藉和支撑，能够坚持从业。不少祖师传说中都有显圣的情节，即在从业者遇到困难时，祖师便化身普通人悄然出现，帮助解决困难。例如：各地理发业所奉祖师不论是罗祖，还是吕洞宾，传说中都有救助理发匠性命的内容，即皇帝因有头疾而致理发不舒服，接连杀害理发匠，这时祖师前去给皇帝理发，解救了大家，也使理发业从此兴旺发达起来。

其次，行业神具有团结、约束同业的作用。一方面，在从业者的心目中，行业神俨然是本行业的象征和代表，同业共奉一神，受同一神护佑，便表示同出一门，彼此间很容易产生认同感，因此，在各行业中流传有"同行都是一个祖师爷，要互相有碗饭吃"的说法。共同的行业神如同纽带，加强了同业人员的业缘观念和认同意识。另一方面，行业神崇拜也发挥着约束同业的作用。行业神作为行业权威的象征，对从业人员的行为起监督作用，行业组织也可借神威来管理、约束同业人员。具体表现为在神前商议事宜、制定规约、举行仪式等。各行业每年定期在祖师诞日聚集同业人员，讨论本年度行业中的事情，尤其是行会中的大事，如选任来年的负责人、议定来年的工资、制定行规、判断是非曲直等。商议前，人们先立好祖师的牌位或祖师像，上香祭奠，然后入座商讨。这一过程不仅郑重其事，也是借神威表示神灵不可欺，使众人心生警惕和敬畏。当发生纠纷或处理违犯行规的事务时，人们也要在祖师庙或祖师牌位前议事、惩戒，以示祖师监督执法或明断曲直。犯错者要在牌位前下跪叩拜，接受惩罚。

再者，行业神能够鼓励从业者敬业进取。行业神崇拜对鼓励各行业的从业者继承和发扬祖师遗产——本行的技艺有促进作用。由于祖师在从业者心目中具有崇高地位，从业者认为行业技艺是祖师留下来的，因而特别珍重，并努力继承和发扬。此外，祖师创造的业绩有很大的榜样力量，对于从业者锐意进取、致力业务有教育和激励作用。如鼓乐界奉祀的祖师师旷为春秋时晋国人，相传他自幼酷爱音乐，聪明过人，就是生性爱动，他曾向卫国宫廷乐师高扬求教琴艺，为了专心学艺，他竟用绣花针刺伤了自己的双眼（一说是用艾草熏伤的），继而发奋苦练，终于成为技艺卓绝的乐师。师旷为了拜师学艺弄伤自己双眼的事迹鼓舞着后世鼓乐手刻苦学艺。而吹鼓手将自己闭着眼睛吹喇叭的习惯也说成是因为祖师是这么吹的。

进入近代社会后，随着工业文明的发展和科技的日益进步，许多传统行业逐渐凋敝，甚至消失，附着于其上的行业神崇拜也自然衰亡。传统行会组织衰微，同业公会、商会等新式工商业组织兴起。新兴的行业团体更加偏重商业利益，更多地以法律和各种规章为参照处理事务，而不再是借助行业神的权威。依赖行业神这种超凡力量保护本行业的功能逐渐弱化，祀神退居次要地位，甚至被禁止。如今，行业神崇拜已淡出民众生活，仅存个别从业者的崇拜、祭祀活动。行业神崇拜正逐渐退出历史舞台。

形形色色的行业神

形形色色的行业神

俗话说:"三百六十行,行行都有祖师爷。"中国行业神的种类和数量相当多,情况也比较复杂,既有一业一神的情形,也有一业多神或多业一神的情况,从而表现出中国民间信仰多神崇拜的特点。

一业多神,表现为某一行业的行业神,少则一个,多达数十个。例如:厨师业奉伊尹、易牙、汉宣帝刘询、彭祖、詹王为行业神,酒业奉杜康、仪狄、葛玄、李白、司马相如、二郎神等为行业神,盐业奉胶鬲、管仲、盐姥、蚩尤、葛洪、张飞等为行业神,靴鞋业奉孙膑、黄帝、鬼谷子、菩提达摩等为行业神,而说书业的行业神则有周庄王、孔子、魏征、柳敬亭等。

多业一神,即若干个行业共祀同一行业神,这种情况也不少。例如:黄帝作为上古时代父系氏族社会部落联盟最有名的首领,被度量衡业、弓箭业、蚕丝业、成衣业、帽业、靴鞋业、弹花业、毛织业、医药业、梨园业、说书业等众多行业奉为行业神。伏羲发明了渔网、渔具,并传授捕捞技术,于是成为渔民的祖师。相传,伏羲还创制了八卦,因太极武功受益于八卦,而武功又是保镖

记住乡愁——留给孩子们的中国民俗文化

|伏羲氏画像|

|染布缸神神像|

的本领，因而保镖业也奉他为祖师。算命先生奉其为祖师也因八卦所致。葛洪是东晋时期著名道教理论家、医学家、炼丹家，他对我国的化学和医药学做出了贡献，被民间奉为"金祖先师"。不仅金线业、圆金业奉其为"金线祖师""圆金祖师"，葛洪还与梅福并称为"梅葛二仙"，被染料业奉为祖师。同时，葛洪也是盐业的行业神之一。菩提达摩，即达摩祖师，是中国佛教禅宗的创始人，保镖业、武师业均奉其为祖师。又传达摩祖师自海上来华，衣钵尽传，唯有相法未得合适人选，后遇穿麻衣的僧人，才将相法传授，因此成为相士祖师。宋代普济在《五灯会元》中载：达摩手携只履，翩翩独逝，去

往西天。根据这个"只履西归"的传说，靴鞋业、修脚业以及与此相关的皮革业皆奉其为祖师。除了这几位典型人物以外，女娲、神农、老君、姜子牙、吕洞宾、孔子、萧何、诸葛亮、关羽、刘伯温等，都被多个行业奉为行业神。

行业神的"出身"十分庞杂，大多为历史人物，也有由人们构想出来的神话传说人物、小说戏曲人物等，折射出各行各业的从业宗旨、价值取向和文化内涵。

出身于历史人物的行业神数量众多，例如：杜康为酿酒业行业神，易牙、伊尹为厨师业行业神，周庄王被说书业奉为行业神，姜子牙为渔业的行业神，孙膑为雕塑业、烧炭业、修脚业、皮革业、靴鞋业的行业神，蒙恬为毛笔业的行业神，萧何为仓库业、狱吏、胥吏的行业神，樊哙、张飞为屠宰业的行业神，蔡伦为造纸业

田祖神农神像

的行业神，刘备被编织业奉为行业神，秦琼被捕快供为行业神，唐玄宗李隆基为梨园行的行业神，陆羽被茶业奉为行业神，宗泽为火腿业的行业神，黄道婆为纺织业的行业神，等等。这些行业神都是真实的历史人物，被各行业从业者按照自己的需要，根据他们的事迹或贡献从历史长河中甄选出来，并进而塑造为本行业的行业神。

也有一些行业神出自神话传说中的人物和小说、戏曲中的人物。例如：玉器业因观音菩萨所穿的白衣洁白如玉而奉其为行业神。绦带业奉哪吒为行业神，是因为小说《封神演义》中写道哪吒把龙王三太子的筋抽出来做成腰带。鞭炮业奉火神祝融为行业神，是因为相传祝融曾教人们用爆竹吓走山魈，由此传下制作鞭炮的方法。

行业神设立的依据是因为这些历史人物、神话小说人物与相关行业的特征有某种关联，这种关联大多是有一定根据、合情合理的，或是因为他们在某一方面技艺超群，或是由于其发明了某种技艺，或是对该行业做出过突出贡献，还有可能是发生过相关故事、重要历史事件。例如：道教长春真人邱处机被玉器行业奉为行业神，具体缘由可见于民国二十一年（1932年）所立的《白云观玉器业公会善缘碑》，其中记载，邱处机学道时曾周游天下，遇奇人传授禳星祈雨、点石成玉等玄术。他到幽州时，感念地瘠物乏，民生艰难，便教给人们制作玉器的方法，将粗涩的燕石雕琢为温润的美玉，玉器业由此成为百业之一，以至于出现万家制玉的盛况。为纪念邱处机之德，每年农历正月十九邱处机的诞辰，北京的各个玉器行的从业者都要到白云观进行隆重祭拜。汉宣帝刘询为厨师业和制饼业的祖师。据《汉书·宣帝纪》载，刘询"每买饼，所从买家辄大雠，亦以是自怪"。说的是刘询每次到食肆买饼，那家食肆的生意便异常兴隆，连他自己也觉得奇怪。关中厨师据此奉其为祖师。宋代蔡绦在《铁围山丛谈》中载："汉宣帝在仄微，有售饼之异，见于《汉书·宣帝纪》。至今凡千百岁，而关中饼师，每图宣帝像于肆中，今殆成俗。"相传，刘询在称帝前地位低微时曾在民间卖饼，生意红火，所以关中卖饼的人都在集市

| 邱处机画像 |

上挂汉宣帝像,沿袭成俗。清代诗人赵翼诗云:"从来名贤殁为神,各视生平所建树。"可以说,这也是行业造神方法的基本原则。

清代学者纪昀在《阅微草堂笔记》中曾说:"伶人祀唐玄宗,以梨园子弟也。此皆最典。胥吏祀萧何、曹参,木工祀鲁班,此犹有义。至靴工祀孙膑、铁工祀老君之类,则荒诞不可诘矣。"伶人奉唐玄宗李隆基为祖师,依据是唐玄宗曾教养梨园子弟(《新唐书·礼乐志》载:"玄宗既知音律,又酷爱法曲,选坐部伎子弟三百人,教于梨园。声有误者,帝必觉而正之,号皇帝梨园弟子。"),胥吏奉萧何、曹参为祖师,是因为二人曾当过狱吏,木工奉鲁班为祖师,依据是鲁班为能工巧匠。这些都是见于文献记载的。靴匠奉孙膑为祖师,依据是孙膑制鞋或"断足变靴头鱼"的传说,铁匠奉老君为祖师,依据是老君有八卦炉的传说。因为后面两个都是传说,所以被纪昀说成是荒诞不可信的。

确实,有些行业神的出现是从业者为了借助该人物

梨园业祖师
唐玄宗画像

的"神威"以抬高本行业的地位，穿凿附会、虚构编造出来的。例如：纪昀提到的老君即老子，姓李名耳，字聃，曾任东周的守藏室史，是春秋时期道家学派的创始人，著有《道德经》，被道教尊为"太上老君"。《西游记》中有老君用八卦炼丹炉烧炼孙悟空的情节，民间据此演绎为老君为了让人们住上房子做了一座八卦窑，他挖泥制成砖坯堆进窑里，几天后便烧出了砖和瓦，因此，砖瓦业便奉老君为祖师。与此同时，铁匠、铜匠、锡匠、金银匠、小炉匠等与炉、火有关的行业也都奉老君为祖师。民间传说，老君辞官归隐后走出函谷关，西涉流沙，完全是一副乞丐模样，这就成为乞丐祖师的依据。据《西游记》所述，老君化金刚琢为拴鼻圈，用以降服青牛，钉掌匠据此认为老君有降马服牛的绝技，便也奉老君为祖师。老君的诸多事迹完全

|铁匠奉祀的老君神像|

是各行业的从业者根据本行业的需要从小说、神话传说的描述中附会上去的，与历史上真实的老子形象相差甚远。

针业祖师刘海被奉为行业神的由来与老君颇为相似。刘海，即刘海蟾，本名刘操，字宗成，五代时期燕山（今北京西南宛平）人。他曾仕于燕王刘守光，官至丞相。刘海极好黄老之学，先遇正阳子点化，辞官寻道，道号"海蟾子"，后遇钟离权（即汉钟离）、吕纯阳（即吕洞宾）传授秘法，于终南山下修道成仙，道教尊其为五祖之一。民间传说刘海曾于井中得三足金蟾，他戏金蟾时把线穿过金钱眼儿，因

刘海戏金蟾（年画）

此民间针业将之附会为穿针引线，奉其为祖师。

有些行业造神的理由十分可笑。例如：酱园业奉唐代书法家颜真卿为祖师。颜真卿原本与酱园业毫无瓜葛，清代陈作霖在《金陵琐志·炳烛里谈》中载："酱园报赛必在颜鲁公祠，取盐卤二字同音。"因颜真卿曾受封为鲁郡公，人称"颜鲁公"，而"颜鲁"的谐音为"盐卤"，酱园业是要用盐卤的，所以颜真卿就成了酱园业的祖师。周文王姬昌被人力车业奉为祖师，是因为民间相传周文王夜梦飞熊，第二日他便到渭水访贤，喜得帅才姜子牙，为表诚意，他请姜子牙乘坐銮舆，自己骑马，但姜子牙固辞未乘。民间将"文王请子牙乘舆"的传说演变为"文王为子牙拉车"，因此周文王便成为人力车行业的祖师。汉代天文学家张衡被丝织业奉为保护神。清人钱泳在《履园丛话》中载："苏州之机神奉张平子，不知其由，庙在祥符寺巷。"文中所述的张平子就是张衡。民间解释说丝织过程中有一道纤接工序极为精细复杂，与张衡精心制作地动仪的高超技巧类似，由此织户便奉张衡为保护神。

这类行业神的出现充分体现出行业神具有附会性、虚构性、功利性的特点，不论何种人物和神祇，只要适合本行业的需要，都可以塑造为行业祖师。与此同时，行业祖师之所以多为虚构和附会的产物，是因为行业的创立多是集体的产物，虽然许多技艺对行业的创立具有决定性作用,但其发明、创造者大都没有留下名字,所以就需要从历史上找寻或虚构合适的人选奉为祖师。

鲁班其人

鲁班其人

中国行业神体系庞杂，在形形色色的行业神中，鲁班是最有名的代表，在民间有"行业神之首"的美誉。鲁班留下了许多惠及后人的发明创造，成为古代社会能工巧匠的代表，为后世所推崇。同时，他又在大量的传说故事渲染下得以增添神性，完成了由人到神的转变，并成为木匠、瓦匠、石匠、搭棚业、扎彩业、玉器业、皮箱业、梳篦业等多个行业的祖师神、保护神，被人们虔诚供奉、隆重祭祀。如今，鲁班精神已成为建筑行业工匠群体精神的象征，成为推进该行业发展乃至社会进步的精神动力。

鲁班，原名公输般，是生活在春秋末期至战国初期的鲁国人。当时受人尊敬的人都被称为"子"，如人们熟知的孔子、老子、庄子、墨子等，公输般也被人们尊

| 祖师公输子神像 |

称为"公输子"。因为他是鲁国人,所以人们都叫他"鲁般"。又因为"般"与"班"同音,人们后来便改称为"鲁班"。古书上记载鲁班的名字很多,如"公输盘"(出自《墨子·公输》)、"公输般"(出自《战国策》)、"鲁般"(出自《论衡》)等,但民间老百姓使用最多的还是"鲁班"。

在古代文献中最早记录鲁班的名字,并且认定鲁班与公输般是同一个人的,是东汉的两位经学家。一个是赵岐,他在注释《孟子》时说:"公输子鲁班,鲁之巧人也,或以为鲁昭公之子。"另一个是高诱,他在注释《吕氏春秋》时说:"公输,鲁班之号。"到了晋代,有人又说鲁班与公输般是两个人(见葛洪《抱朴子·辨问》)。不过这一说法没有被人们普遍接受。当代学者(如任继愈)研究结果证明,鲁班和公输般就是同一个人。

据文献记载,鲁班生于周敬王十三年(鲁定公三年),即公元前507年,卒年不详。也有文献记载,到战国周贞定王二十五年(公元前444年)时,鲁班仍在从事营造活动。也就是说,鲁班至少活到了63岁。民间传说鲁班活到了80多岁,也有的说活到了100多岁,甚至有的说鲁班成了神仙。

关于鲁班的籍贯,文献没有确切记载,有的只是笼统地记为鲁国。明代的《鲁班经》中说,鲁班的老家在鲁国贤胜路东平村,其父叫鲁贤,母亲为吴氏,鲁班出生于鲁定公三年（公元前507年）五月初七午时，出生时白鹤云集，异香满室。还有的书上说鲁班是甘肃敦煌人（见《太平御览》，此说极少有人采信）。当代学者经过考证分析，有的认为鲁班的籍贯在今山东滕州，有的认为在山东曲阜。至于鲁班的籍贯究竟是哪里，还有待专家的深入研究和今后文献资料、考古资料有新的发现。

据西汉桓宽《盐铁论·贫富》记载，鲁班的家境比较贫困，他虽能给别人建造许多房屋，却因为没有钱买木料，而只能住在矮小的茅屋里。鲁班虽然出身贫寒，但他却以智巧和诸多发明而出名。《孟子·离娄上》曰："离娄之明，公输子之巧，不以规矩，不能成方圆……"可见当时的鲁班已被公认为

| 鲁班的故里——
滕州鲁班纪念馆 |

封号为"北城侯"的鲁班先师像

巧人。《吕氏春秋·爱类》中也有"公输般,天下之巧工也"的记载。秦汉以后,关于鲁班的记载越来越多,记录鲁班业绩的内容也越来越翔实,但是演绎、美化的成分也越来越多,鲁班逐渐被神化、仙化,由人转变为神。《鲁班经》中说他"历汉、唐、宋,犹能显踪助国"。在明代永乐皇帝朱棣修筑紫禁城时,鲁班曾降临指导,故被加封为"北城侯"。在民间,鲁班作为中华民族能工巧匠的代表,被百工奉为"鲁班先师"(或称"鲁班仙师")、"巧圣仙师",或被亲切地称为"鲁班爷",被后世工匠世代供奉。

民间智慧的体现——
鲁班的发明创造

民间智慧的体现——鲁班的发明创造

鲁班之所以被营造行业奉为祖师，其中很重要的一个原因是他智巧过人，有许多惠及后人的发明创造。根据文献记载和民间传说，鲁班的主要发明创造有以下几类。

1. 生产工具类

鲁班的此类发明是在营造业同行中影响最大、传用最广、最久的，大大提高了劳动效率，是鲁班对推动古代生产力发展做出的重要贡献。其中主要有锯、刨子、凿、墨斗、曲尺等。

锯：在鲁班发明锯之前，木匠干活儿只有斧子一件工具。相传，鲁班在山林用斧子伐木时，曾被一种带齿的野草划破了小腿，他由此受到启发，打造了铁制锯条，大大减轻了工匠的劳动强度，提高了工作效率。

刨子：以前，木匠为了把木料修整平滑，只会用斧子砍削，结果总是不尽如人意。鲁班把薄片斧刃插到一个槽子透底的"刨床"里，下面只露出刃，并用楔子固定住。然后再将其安上木把儿，用力一推，就能把表面不平的木料刨平了。

凿：在凿被发明出来之前，木匠在木料上打眼儿作卯，只能用取火的钻来钻，钻出的木眼儿不仅不规整，

记住乡愁——留给孩子们的中国民俗文化

| 锯、刨子、凿、墨斗 |

还往往卯榫结合不牢。鲁班从啄木鸟啄木的动作中受到启发，将一根铁棍的一端磨成带刃的斜面，并用锤子敲打铁棍的另一端，就能在木料上凿出规整的卯了。

墨斗：起初木匠锯木料时，都要用签子蘸墨在木料上先画好线，由于木料凹凸不平等原因，有些线总难画直，那样锯出的木料也就不规整。后来，鲁班凿了一个小木斗，他在里面装上一个线轴，然后倒进墨汁把线染黑，再把线头从木斗前边的一个小孔里穿出来并固定

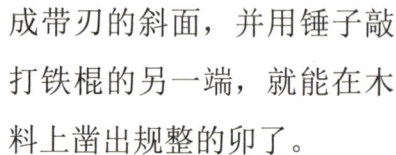

|鲁班尺|

在木料的另一端，而后提起线轻轻一弹，木料上就留下了一道笔直的墨线。从此，木匠们再也不担心画线画不直了。

曲尺：传说中的曲尺有两种，一种是有各种刻度的直尺，也称鲁班尺。鲁班尺是一种带有信仰色彩的量具，其上的刻度被分成八大格，每大格又被分成若干小格，上面书写着各种吉凶词。在民间观念中，不同的尺寸都蕴含着吉与凶的征兆，所以人们建造房屋和制作家具时非常注意尺寸的大小，都要用鲁班尺量一下每个部位的长、宽、高，好求取与吉利有关的刻度，避开与灾凶有关的刻度，以祈求平安、吉祥。另一种曲尺就是直角尺，其长边为两尺，短边为一尺，夹角为90度直角，以斜边固定之。这种直角尺主要用来校验物体间的夹角是否为直角或物体间是否相互垂直。

2.生活用具类

石碾：相传，以前人们

|石碾|

|石磨|

给米脱皮只会用杵臼舂米，效率极低。后来，鲁班做了一块大石盘，他推着石磙在上面碾米，大大提高了效率。后来他又逐渐改进，在石盘中央安了一根立轴，让石磙围着立轴有规律地旋转。为了节省人力，他又在石磙上安装了架子和碾棍，这样就可以套上牲口拉石磙了。

石磨：石磨的原理与石碾大同小异，是用上下两块石盘，在两块石盘的接触面上凿有排列整齐的磨齿，用以磨碎粮食。上面的石盘被凿出磨眼用以装填粮食，只要推转上面的石盘就能把粮食磨成粉。

橹：橹是一种安在船尾，摇动着推进船前行的工具。据说，这一工具是鲁班受到鱼儿摆动尾巴的启发而发明出来的（另一说是受到鸭子游泳的启发而发明出来的）。之所以称"橹"，可能因为"鲁"的谐音是"橹"。

鲁班发明的这些生活工具，人们最初是作为生活用品使用的，所以这里便划归于生活用具类了。

3. 仿生机械类

鲁班心灵手巧，他运用仿生学原理发明了许多机械，如木鸢（也称木鹊）、木人、木马等。

木鸢：这是一种用竹木做成的飞行器。《墨子·鲁问》载："公输子削竹木以为鹊，成而飞之，三日不下。"还有的文献记载鲁班"为木鸢以窥宋城"（见《朝野佥载》），说明其还可以载人。可惜这种木鸢失传了，人们已难见其本来的模样。

木马、木人：东汉王充在《论衡》中记载了鲁班制造木马的故事，说的是鲁班为母亲造了木质车马、木人御者，机关具备，母亲乘坐上走了之后，就再也没有回来。这项发明后人也已难觅实物。据说三国时期诸葛亮制造的木牛流马，就是根据鲁班的发明改进的。

4. 军事装备类

云梯：鲁班发明了云梯，这在《墨子》《战国策》等古代文献上都有记载。云梯是一种攻城时供士兵攀爬的器械。云梯的底部有六个车轮，士兵可以推着云梯靠近城墙；云梯的顶端则安装了钩子，可以牢牢地钩住城墙。《墨子》中还详细记述了这样一段故事：强大的楚国准备攻打弱小的宋国，鲁

记住乡愁——留给孩子们的中国民俗文化

云梯模型

班帮楚国制造了许多攻城云梯。墨子听说后，就去楚国会见了鲁班，劝鲁班让楚国取消攻打宋国的计划。鲁班说："云梯都造好了，楚王也下定决心了，怎么能停止呢？"墨子就让鲁班带他去见了楚王，经过墨子一番苦口婆心、有理有据的劝说，楚王终于取消了攻打宋国的计划。一场战争避免了，鲁班发明的云梯自然也就没有派上用场。

钩强：钩强是一种武器，是在长矛的基础上改进的，即矛尖后面还有钩子。这样，士兵既可用来刺杀敌人，又可用来把敌船的船帮、战车的车轮等钩住，登城时还能用来钩住城墙，顺杆子登上去。鲁班发明钩强一事在《墨子》中也有记载。

5. 益智用具类

鲁班锁：这是用六根木条制作的一种可拆可拼的玩具，又称孔明锁、别闷棍、难人木等。这种三维的拼插玩具起源于中国古代建筑中的卯榫结构，其构件之间凹凸部分的啮合十分巧妙。它看似结构简单，玩者只要动动脑筋便可以拆解，但想要组装回去却十分困难。拼拆鲁班锁可以锻炼人的空间思

鲁班

维能力和动手能力。

鲁班的这些发明创造，特别是他发明的那些生产工具，大大减轻了工匠们的劳动强度，提高了生产效率和产品质量，因而被后世工匠长期使用，甚至被工匠们视为自己的"饭碗"。但是，这些发明创造确有文献记载的并不多，大多只是民间传说。之所以把这些物件说成

| 民间玩具——鲁班锁 |

| 鲁班雕像 |

是鲁班发明创造的，是因为真正的发明者早已湮没在漫漫的历史长河中，不为人知。历代劳动人民出于对鲁班的敬仰和怀念，便将这些发明集中到鲁班身上，使他成为"箭垛式人物"，成为民间集体智慧的代表。

鲁班的传说故事

鲁班的传说故事

鲁班之所以能由历史上有名的巧匠升格为百工崇拜的先师,除了他的这些发明创造惠及后人之外,有关他的传说故事也起到了渲染、烘托的重要作用。关于鲁班的事迹,民间有极其丰富的传说故事,迄今为止,人们搜集、整理的关于鲁班的民间传说已达百则以上。在这些传说中,有的记述了鲁班勤奋好学的精神,有的记录了鲁班的各种各样的发明创造,有的歌颂了鲁班谦虚好学、诚信正直、助人为乐、勇于担当的优秀品质,有的则描述了鲁班显圣帮助工匠解决难题的神奇事迹,等等。

鲁班的技艺是跟谁学的,他又是如何学得一身本领的呢?这在历史文献中是没有记载的,但鲁班学艺的故事却在民间广为流传。据说,鲁班的父亲是一个乡村老木匠,鲁班从小跟着父亲学做木匠活。在鲁班15岁时,父亲派鲁班到终南山寻师学艺。一路上,鲁班不畏山高路险、河流湍急,克服重重困难,终于找到了木匠名师。很快,鲁班便凭借谦虚好学的态度获得了师父的认可。一次,师父把鲁班领到一间装满楼台殿阁、亭桥塔榭、寺庙道观等各种各样建筑模型的房子里,让他一件件拆开，再一件件组装起来，每件拆装三遍。于是，鲁班就把自己关在那间房子里，除了吃饭睡觉，每天就是拆了装、装了拆。就这样，他整整用了三年时间，把那些模型一个个拆装了三遍。其间，当鲁班拆装到第三遍时，他竟然能蒙着眼睛进行组装，并且组装完毕后竟然跟原样丝毫不差。三年后，师父将所有模型拆毁，鲁班只用了一个时辰，就把它们全部重新组装好了；师父又提出了几个建筑设想，鲁班竟也很快做成了。就这样，鲁班学得了一身本领，拜别师父下山了。回到家乡后，鲁班成了闻名遐迩的木工巧匠。

讲述鲁班发明创造的传说故事很多，例如：《弯木头，直木匠》《墨斗和锯齿》讲述了鲁班是如何发明墨斗和锯的；《柱顶石》《"金刚腿"》讲的是鲁班面对搞破坏的县官，机智地改造了建筑构件，自此人们建房造屋便都用上了他发明的柱础和门槛构件的故事；《磨脐的来历》《造碓》讲的是鲁班和徒弟及其他工匠共同发明磨、碓的故事。另外，在民间传说中，鲁班身边的亲人也有一些发明创造，其中尤以"班母"和"班妻"的故事最为有名。

"班母"

起初，鲁班锯木料时，都要用签子蘸墨在木料上先画好线，他怕画不直，就拿一根直木棍比着画，再沿着画好的线锯料。即便是这样，由于木料凹凸不平等原因，有些线总难画直，锯出来的木料也就不规整。后来，鲁班凿了一个小木斗，他在里面装上一个线轴，然后倒进墨汁把线染黑，再把线头从木斗前边一个小孔穿出来，并请母亲牵着线头在木料的另一端找准位置按住，之后他提起线轻轻一弹，木料上就留下了一道笔直的墨线，这样，他再用锯锯木料时就不会锯斜了。鲁班给他发明的这个工具取了个名字叫"墨斗"。

可是，鲁班每次打墨线都要请母亲帮忙拉线，如果没有母亲帮忙，线就打不成了。虽说母亲干这点活儿并不累，但她毕竟年纪大了，眼睛昏花，她好几次都没有找准位置，使鲁班打斜了墨线。

鲁班的母亲灵机一动，找出一块指头肚大小的硬木，用刀子仔细地削啊削，很快就削成了一个小弯钩，然后她把这个弯钩系在墨线的头上。这样，鲁班再用墨斗打墨线时，只要在一端找准位置把弯钩挂好，就能在另一端准确无误地弹出墨线了。原本需要两个人干的活儿，他一个人就能干好了。

鲁班很感谢母亲，就给母亲发明的这个弯钩取了个名字叫"班母"。

"班妻"

起初，木匠干活儿用的工具只是一把斧子，后来鲁班发明了锯，使许多活儿干起来变得轻松很多。但是光靠斧子和锯做出来的家具都太粗糙，表面难以做得十分平整、光滑。后来，鲁班又发明了刨子，就是在一块方子木上凿出一个透底的槽子，然后把磨出刃的铁片固定在里面，再安上两根木把儿，只要使劲儿一推，就能把粗糙的木料刨平。自打用上了刨子以后，鲁班做的家具格外光滑、漂亮，很受人们欢迎，来订货的一拨接一拨，鲁班都忙不过来了。

鲁班每次推刨子刨木料时，都要让妻子在另一头扶住木料，可天长日久，这样往往影响妻子做家务。后来，妻子想出一个办法，她找来一块长条木板，把一端用斧子砍出一个两边是斜面的豁口，钉在案子上。这样，需要刨大木料时，那固定住的木板正好把大木料顶住；需要刨小木料时，就把小木料插在豁口里，楔形豁口正好把小木料卡住。如此一来，不管大木料，还是小木料，都能稳稳当当地固定在案子上，任鲁班怎么刨都行。这样，鲁班妻子也能腾出手来做家务了。

鲁班很感谢妻子，就给妻子发明的这个东西取了个名字叫"班妻"。

据说鲁班不仅心灵手巧，干得一手好活计，他还特别爱帮助别人。民间有许多相关的故事，如《鲁班和老君》《鲁班造车》《鲁班和橹板》等。在《鲁班和老君》故事中，说是最初铁匠打铁时没有锤子、砧子等家什，老君打铁时只能把铁块儿放在膝盖上，用拳头敲打，烧火化铁也没有工具吹火，只能趴在炉子前面用嘴吹火。所以，老君的腮帮子总是鼓鼓的，一天下来痛得要命，膝盖也被铁块儿烫得全是伤疤，手上、胳膊上也到处是烫伤。鲁班看到老君浑身是伤，很同情他，便决定造几件打铁的家什，替老君排忧解难。他先是找来一块石头，凿成了一个方形的砧子，又找来一块拳头大的硬石，在上面凿了一个圆洞，然后砍了一根硬木棍，将其一端安装到圆洞里，做成了一把带柄的锤子。这样，有了锤子和砧子，老君打铁就不会烫伤膝盖和拳头了。鲁班又经过仔细琢磨，做了一个风箱，只要拉动一根木杆，就能"吹"出呼呼的风，老君就再也不用鼓着腮帮子吹风了。这类传说塑造了一个乐于助人、品德高尚的鲁班形象，说明鲁班确实是值得匠人们尊重的先师。

民间相传，瓦匠、木匠、石匠和棚匠都奉鲁班为师，因而在鲁班传说中有一部分内容是有关鲁班教授和教育徒弟的故事，例如：《分工不分家》，讲述了鲁班教育做瓦匠和做木匠的徒弟要懂得分工合作；《鲁班传真线》，讲的是鲁班给石匠、木匠、瓦匠三个徒弟传授技艺，只有虚心学艺的大徒弟石匠得到了鲁班的"真线"；《鲁班和赵巧》，讲述了鲁班的徒弟赵巧骄傲自满，在往龙宫送灯台时，嫌弃师父做的灯台粗糙，自己做了一个精美的灯台，并自作聪明替换了师父的灯台，结果葬身海底。

鲁班本人谦虚好学，但有些匠人却恃"技"而骄，于是就有了鲁班教育那些骄傲自满的匠人的故事，例如：《石葫芦》《王好胜改名》《张灵卖艺访鲁班》《"丁一千"》等故事都是这一主题，讲述了鲁班用自己高超的技艺使骄傲的艺人认识到人外有人、艺无止境。

赛鲁班遇上了真鲁班

鲁班成名后，也有个别觉得自己了不起的工匠对他不服气，河南的石匠赵全就是一个。说来这赵全也确实有些真本事，做的石匠活儿不错，在中原一带小有名气。找他做活儿的人多了，他就觉得自己十分了不起，竟然在家门前挂出了"赛鲁班"的旗号。

一次，鲁班路过赵全的村子，看到赵全家门前挂着"赛鲁班"的旗子，就停住了脚步。鲁班对赵全施礼后问道："你这'赛鲁班'是自己封的呢，还是大家推举的？"赵全不耐烦地说："去，去，赶紧赶路，莫管闲事！"鲁班干脆坐了下来，说："我也会点儿石匠活儿，咱俩比试比试如何？"赵全打量了鲁班一眼，说："你敢跟我比试？那谁输了得有个说法。"鲁班说："随你说吧。"赵全说："谁输了，谁就给村子老百姓修一条三十里长的出山路。"鲁班说："好。你就说比什么，怎么比吧。"这时，凑热闹围观的人越来越多，赵全更来劲儿了，说："咱们限定三炷香时间，各打一个石绣球，让大家评评看谁打得好。"鲁班说："行。"

三炷香工夫过去了，鲁班和赵全都拿着自己打的石绣球来到众人前。只见赵全打的石绣球全身刻着精美的花纹，还有福禄寿喜等图案，十分漂亮。而鲁班打的那个却什么花纹图案也没有，只是一个光滑的圆球。赵全哈哈笑了，说："你就凭这玩意儿跟我比试啊？"说着，他一把抓过鲁班的石绣球，说："这破玩意儿还不如摔掉呢！"说罢，赵全就挥臂把石绣球摔到地上，鲁班的石绣球一下子被摔成两截。忽然，围观的人和赵全都傻眼了。只见那摔成两截的绣球里跳出一个小卷毛狮子，一条用细石做成的链子挂在狮子脖子上，另一头还连着一个三层透雕的小绣球。

赵全立马跪在了鲁班面前，说："请问师傅尊姓大名？"鲁班笑了笑说："你赛我不赛。"说罢就走了。

众人还在为"你赛我不赛"纳闷呢，赵全忽然悟到了什么，赶紧把那门前的旗子摘了下来，把上面的那个"赛"字改成了"敬"字。原来，他从"我不赛"那句话里知道了，来人正是真鲁班！

后来，赵全果然停下了自己的活计，用半年工夫，给村民修了一条三十里长的出山路。

还有一类鲁班的传说故事，可以称为显圣系列故事，即后世工匠在生产中遇到技术上的难题或出了差错时，"先师"鲁班会化身出现，帮助他们排忧解难。在这类故事中，鲁班往往以一个普通老工匠的身份出现，给予线索提示或直接出手相助，在问题解决后悄然离开。这类故事非常多，因为在古代社会，工匠们在施工过程中往往会遇到一些难以解决的问题，再加上有工期限制，工匠们通常压力很大，迫切希望能有人帮助他们解除危难，顺利完成工程，于是祖师鲁班就成为他们祈求的对象。比如这则《蝈蝈笼子》的故事。

大明皇帝要在京城建一座紫禁城，便征召全国知名工匠，限他们在一年内将紫禁城建好。工匠们没白天没黑夜地干活儿，就在快完工的时候，又传来了皇帝的圣旨，说是皇帝昨晚做了一个梦，梦见城上四角有四座楼，楼有九梁十八柱七十二条脊，精巧玲珑，奇美无比。于是，皇帝要在紫禁城四角各建一个他梦见的那座楼。

圣旨传下来，可难住了那些工匠们。别说这活儿谁也没干过，就是见也没见过呀。他们纷纷向监工诉苦，请他上报皇帝。谁知皇帝却再次传旨，道是谁再说那角楼没法干就把谁关到监狱里去。

众工匠都不敢说话了，可是谁也没有办法设计出那个九梁十八柱七十二条脊的角楼。来自山东的一个老木匠是个实在人，他又找到监工，请他替工匠们在皇帝那里说说情。不料皇帝竟然把这个山东老木匠关进了监牢。

老木匠被关押的消息很快传到了老木匠的山东老家，一家人急得团团转，可是谁也没有办法。

一天，京城里来了一

个卖蝈蝈的白发长者，只见他挑着的担子两头儿全是蝈蝈笼子，几十个蝈蝈在那些笼子里叫得一个比一个欢，后面还跟着一大群围观的孩子。那长者在监牢门前把担子放下，上前对把门的狱卒施礼道："请问这里是关着一个山东的老木匠吗？"狱卒说："是啊，你是谁？想干吗？"长者说："我来自山东鱼日村，麻烦你进去送给他一笼蝈蝈，让他在牢里解解闷儿如何？"狱卒不答应。长者掏出几两银子塞给狱卒，狱卒才把长者递给他的蝈蝈笼子送了进去，并且告诉老木匠，是鱼日村的人送来的。

蹲在牢里的老木匠收到蝈蝈笼子后，心想：这是谁啊，还有闲心给自己送这个来？他就随意把笼子放到草席上了。过了一会儿，那蝈蝈叫得让他心烦，他就拿过笼子，打开笼门把蝈蝈放走了。他这一拿不要紧，拿在手里就放不下了。他盯着那蝈蝈笼子仔细一看，那笼子正好是九梁十八柱七十二条脊。老木匠高兴得忽地站了起来，冲牢门外大喊："放我出去，我会造角楼了！"

狱卒报告监工，监工请示皇帝后，老木匠被放了出来。老木匠带领众工匠按照那蝈蝈笼子的样子很快就把紫禁城的四个角楼建好了。皇帝听说后，便赶到东南角楼查看，果然就是他梦见的那座楼。皇帝一高兴，就赏了工匠们一些银子。那位山东老木匠忽然想起，给自己送蝈蝈笼子的人说是"鱼日

记住乡愁——留给孩子们的中国民俗文化

| 故宫（紫禁城）角楼 |

村"的，这"鱼"和"日"两个字合起来不正是"鲁"吗！原来是鲁班祖师帮助了他们。于是，他就带领众工匠用皇帝的赏钱建了一座鲁班祠，并且立了鲁班神像，以求鲁班祖师保佑。

在民间传说中，我国古代许多著名建筑都与鲁班产生关联，这里不妨再列举几例。

赵州桥：众所周知，赵州桥由隋代工匠李春主持修建，于隋大业元年（605年）建成。民间传说，修建赵州桥的石料是鲁班夜里赶来的一群白绵羊变的，鲁班与妹妹协力配合，一夜就修好了桥。赵州桥修好后，张果老和柴王爷为了考验桥是否结实，一个倒骑着毛驴，毛驴的褡裢里装着五湖四海，一个推着独轮车，车上载着三山五岳，他们当时一同过桥，石桥被压得摇晃不已。鲁班急忙跳到桥下，举双手托住了桥身。据说，如今的赵州桥桥面上还留着一道车辙印，就是柴王爷的独轮车轧的；桥底下面留有两个大手印，就是鲁班托桥时留下的。

悬空寺：山西恒山悬空寺落成于北魏太和十五年（491年）。民间传说中有鲁班与妹妹比赛修悬空寺的故事，说是鲁班妹妹与鲁班约定，两人用一夜时间各在悬崖峭壁上建一座寺。鲁班的计划很大，准备用大石料建一座恢宏的大寺。而鲁班妹妹却用木料做支架，建了一座木质结构的小寺。鲁班妹妹三更就完工了，可鲁班那边刚刚把石料备齐。鲁班妹妹知道鲁班天亮前一定能建成，便学公鸡打鸣。鲁班

| 山西恒山悬空寺 |

听到鸡叫，虽然疑惑天怎么亮得这么早，但还是遵守约定停了工。结果，留在恒山的悬空寺就成了一座木质结构的建筑。

佛宫寺释迦塔：落成于辽代清宁二年（1056年）的山西佛宫寺释迦塔是世界上最高大的木塔，与意大利的比萨斜塔、法国的埃菲尔铁塔并称世界三大奇塔。相传，此塔为鲁班建造。此塔起初建成时是十二层。建好之后，鲁班忽然发现塔有些下沉，只听得土地爷说："你这塔太沉了，快压死我了。"鲁班急忙挥手一砍，砍掉了上面几层。等塔稳住后，鲁班才发现自己砍掉的是七层，留在地面上的就只剩五层了。

卢沟桥：卢沟桥于南宋

| 山西佛宫寺释迦塔 |

绍熙三年（1192年）建成，桥栏杆上雕有许多石狮子，民间有"卢沟桥的狮子数不清"之说。民间传说卢沟桥也是鲁班修建的，鲁班究竟在桥上雕刻了多少石狮子谁也数不清。相传，乾隆皇帝曾派大臣去数卢沟桥上石狮子的数量，结果每派一个人去数，数回来的都是不同的数量。乾隆皇帝斥责大臣们无能，于是亲自去数。结果，乾隆皇帝一共数了三遍，也愣是数不清楚。

另外，北京天坛祈年殿、太原双塔、天津独乐寺观音阁、武汉黄鹤楼、杭州西湖三潭印月等景观都有关于鲁班的传说，这里就不一一讲述了。唐代段成式在《酉阳杂俎·续集》中曰："今人每睹栋宇巧丽，必强谓鲁般奇工也。至两都寺中，亦往往托为鲁般所造，其不稽古如此。"可见，关于鲁班的这类传说在唐代已广为流传。与此同时，人们习惯于把各地原本和鲁班无关的精巧而有名的建筑也都归功于鲁班名下，这样一方面扩展了鲁班传说的流传地域，另一方面也使各地的建筑更加富有传奇色彩。

关于鲁班的民间传说，不仅在汉族地区广泛流传，在西南、西北等一些少数民族聚居地区也有流传。例如：白族的《公榫母榫》，讲的是鲁班和妻子共同发明榫头和榫眼的故事；布依族的《找鲁班》，讲述了鲁班热心帮助布依族青年，把一套木工工具和造房子的各种图样慷慨赠送的故事；仡佬族的《嗲赫哼和鲁班》，讲述了仡佬族的打铁祖师嗲赫哼与鲁班互相帮助并结拜为兄弟的故事。这里举一则在云南白族广为流传的故事。

张班去了鲁班来

在云南白族聚居地区，有一个传说，说是鲁班原本不姓鲁，而是姓张，叫张班。张班是远近闻名的木匠。有一年，皇帝看中了一块"风水宝地"，要在那里建一座新宫殿。皇帝听说张班手艺高超，就派大臣把张班叫到京城，命令张班作为领班，带领全国各地调来的工匠在一百天内把这座新宫殿建起来。

张班领命后不敢懈怠，尽心尽责地指挥工匠们干了起来。干到九九八十一天，宫殿架上了大梁，按说不用几天就可以完工了，可就在这时候，张班才发现，由于自己疏忽，计算有误，截好的椽子都短了一小段，那一大堆椽子全成了废料。因为建造宫殿使用的木料是朝廷派人从云南运来的金丝楠木，都是按数运到京城的，没有余料，如果再派人去云南运，一来一回至少得三个月，可眼看工期就要到了。张班知道事情的责任全在自己，既后悔不已，又束手无策，愁得整天不吃不喝，一夜间头发全白了。

到了第九十天，张班还是没有想出办法来。他心想："这回可是要犯杀头之罪了，三十六计走为上，不如早早逃走吧。"于是，他骑上自己发明的木驴，按动机关，飞也似的离开京城直奔老家。

张班一路上越想越懊恼，心想自己干了一辈子木匠，怎么偏偏一不小心会犯下这种低级错误呢！骑在木驴上的他不停地用手里拿着的画线签子拍自己的脑袋。不料，由于路不平，木驴在跳一个坑时颠得张班失手，画线签子一下子就扎到了他的左眼上。张班疼得大叫一声，差点儿从木驴上摔下来。

张班回到家里后，妻子见他突然归来，而且眼睛盲了一只，满脸都是血，便问他出了什么事。张班摇摇头说："别提了，别提了，这回可惹了大祸了！你快找个地方把我藏起来，要不了几天朝廷派来抓我的人就到了。"妻子说："不管怎样，你也得先把事情告诉我

啊。"张班这才把在京城建造宫殿由于疏忽量错椽子尺寸的事告诉了妻子。妻子听了，却咯咯笑了起来，说："我还当是多大的事儿呢！先甭说别的了，赶紧让我给你把眼睛包扎一下吧。"妻子给张班包扎好眼睛后，便从里间屋子拿出一把雨伞递给张班，说："你慢慢琢磨吧，我去厨房做饭了。"张班拿着妻子给他的伞，心想："外面日头高照，没下雨呀，她给我伞干什么？"百思不得其解间，张班不由自主地把伞撑开收起，再撑开再收起。忽然间他一拍脑门，说："有了！"

原来，张班在撑开、收起那把伞的时候，忽然发现那把伞的一根根伞骨都是由一个个"飞爪"连着的，伞

撑开后就长一节，收起后就短一节。他想："如果在椽子之间也用上一个'飞爪'，不就不露痕迹地把截短了的椽子接长了吗？"张班茅塞顿开，立马返身赶回京城。一路上，张班想："自己是撇下众工匠偷偷逃走的，这次回去，哪有什么脸面见那些工匠呢？工匠们若是数落他，岂不没了面子？"正想着，张班骑着木驴已来到了京城大门口。

再说，京城修建宫殿的工地上，自打张班"失踪"后，众工匠群龙无首，都不知道该干什么好了，朝廷的监工急得团团转，时不时就拿工匠们撒气，不是骂这个，就是打那个。正在这时，来了一个包着左眼的人，他对监工说："不就是安椽子嘛，让我来试试吧。"监工打量了他一番，问："你是谁啊，敢跑到这里来逞能？"那人便说："我是鲁班。我说能安好自然有我的办法。只是得请你回避一下，你明天来验收就是。"

监工离开后，张班指挥工匠们用截下的下脚料做了一批"飞爪"，然后十分顺利地把椽子全部安好了。他又指挥工匠挂上琉璃瓦，为梁柱、门窗等刷好油漆，一座崭新的宫殿很快就建好了。

宫殿建好后，众工匠在一起喝了收工酒。在酒宴上，大家都伸着大拇指称赞"鲁班"，说："你真了不起！张班那么有本事，结果还把事情弄砸了。这次要不是你鲁班赶来，我们还不知道要受监工多少气呢！"在一片夸赞声中，张班更不好意思了，只好说了实话，告诉大家自己就是张班，因为怕大家数落才说自己是鲁班的。众工匠听后哈哈大笑，都说："鲁班好，今后我们就叫你鲁班！"

从那以后，张班就被人们称为鲁班了。

鲁班传说是我国流传时间最长、涉及地域最广、数量最多的工匠传说。虽然传说中的大多数情节是虚构的，但却真实地反映了民众的情感、愿望和价值取向。

| 张鲁仙师神像 |

诸多传说中所塑造的鲁班形象，既体现了劳动人民的聪明才智和非凡的创造力，也体现了劳动人民正直诚信、乐于助人、埋头苦干、谦虚务实、善于钻研、勇于创新的传统美德。

鲁班信仰与祭拜习俗

| 鲁班信仰与祭拜习俗 |

两千多年来，鲁班作为营造行业最显赫、最具有影响力的人物，已成了具有标志性的文化符号。他不仅是建筑行业的最大荣耀，也是该行业的最高权威，为后世的木匠、石匠、泥瓦匠等工匠世代供奉。

据考证，我国建筑行业工匠供祀鲁班，大约始于唐宋时期。敦煌文书中记载着当时敦煌的工匠在建房上梁时要唱"颂鲁班""祭祀鲁班"的仪式歌，开启后世工匠建房上梁祭祀鲁班之先河。唐代有些地区已开始建祠奉祀鲁班，如咸通十年（869年）上海金山朱泾法忍寺内建有上海最早的"鲁班殿"。鲁班信仰发展到明清时期达到了鼎盛。明代午荣编写的《鲁班经匠家镜》（简称《鲁班经》）中记载，明永乐年间，北京建紫禁城时征用了上万工匠，由于鲁班"降灵指示"，工程进展很顺利。完工之后，皇帝封鲁班为"待诏辅国太师北城侯"，还建了一座供祀鲁班的庙，庙门大匾上写的是"鲁班门"三个字。工匠们在春秋二季都要去祭祀鲁班，用的祭品十分丰厚。工匠们在平日里也有前去祭拜的。明代的北京还分别在精忠庙、东岳庙建有"鲁班殿"，在朝阳门外建有"公输子祠"。清光绪三年（1877年），在精忠庙鲁班殿内立的碑记中，称鲁班"可谓巧之至矣""后世精心妙手，莫不仰赖先圣之规矩准绳""铭感既深乎往哲，香烟罔替于后人"。工匠们祭祀鲁班，既是对鲁班表示敬意，也祈求鲁班予以保佑。东岳庙内的鲁班殿供有工匠们精心雕塑的鲁班像，悬有"法垂千古""万事规矩""有求必应"等匾额。公输子祠大殿中供有三座牌位："先师公输子鲁班之位"居中，左右分别是"增福聚宝财神之位""福德正神土地之位"。殿前、殿内悬有"工师万古""庶绩百工""规矩遗型"等匾额。

到了清代，建筑行业建庙、祠祭祀鲁班的现象更加普遍。我国许多地方都建有鲁班庙、鲁班祠、鲁班殿、鲁班阁等，既有单独设立的，也有设在关帝庙、天后宫等其他庙宇中的。清代孔尚任在《阙里志》中说，鲁班逝世后，曲阜这里就修建了祭祀他的鲁班庙，到了宋代，鲁班庙被改成了工师庙。据《鲁班经》记载，鲁班在40岁后曾隐居历山（今千佛山），故当地人就在山上建造了鲁班祠。鲁班祠与舜祠相邻，可见鲁班在人们心目中的地位。除了上述两地，仅在山东省内，在泰山岱庙、长清五峰山、章丘胡山、兖州韦园、滕州鲁寨、沂源、桓台等许多地方都建有鲁班祠、庙、殿。

我国港台地区也建有祭祀鲁班的场所。位于香港西环青莲台的鲁班先师庙建于清光绪十年（1884年），是香港唯一供奉建筑"三行"（即木工、泥水工及石工）祖师鲁班的庙宇。每逢农历六月十三日鲁班先师诞辰，人们在鲁班庙举办隆重的庆祝仪式，"三行"工人及机构都在这天到庙里拜祭祖师鲁班，祈求祖师赐福，保佑其工作顺利和平安。台湾地区以鲁班为主的庙宇约有40座，每年到了鲁班诞辰，台中、台南、宜兰等地的鲁班先师庙都要举行祭祀活动，

|山东济南千佛山上的鲁班祠|

|山东济南千佛山上的鲁班祠内供奉的鲁班像|

|山东岱庙鲁班殿|

届时，人们摆供敬香，虔诚叩拜。

各地的鲁班祠、庙、殿大多由各行各业工匠的行会组织兴建，其不仅是行业工匠祭拜鲁班先师的场所，还是行业公会所在地。行会成员既借以奉祀共同的祖师，又以此为聚会的场所，商讨事务，协调纠纷。

在各种祭祀鲁班的活动中，最隆重的便是"鲁班节"和"祖师会"。各地的鲁班节时间并不一致。天津蓟州区鲁班庙以农历正月初七（据说这一天是鲁班的忌日）为"鲁班节"，届时，人们将举行隆重的祭祀活动。河南鲁山县则以农历六月十三日为"鲁班节"，据说这一天是鲁班的诞辰纪念日，所有匠人要休工一天，举行祭祀活动。与此同时，济南千佛山鲁班祠和北京高碑店古典家具一条街新修的鲁班祠也取这一天为"鲁班节"。2010年农历六月十三日，两地都举办了"巧圣鲁班诞辰2517周年"纪念会。广州建筑业在传说的鲁班诞辰（农历六月十三日）这天都要休业一天，到鲁班祠祭拜鲁班，然后抬着鲁班祭台到大街巡游。镇江工匠在农历七月初七（相传鲁班在这天得道）办祖师会，他们认为这一天是个"巧"日子，在这天"讲手艺经"，心、眼就活了。在云南通海县，人们把农历四月初二定为"鲁班节"，据说这一天是鲁班向当地的工匠赠送《艺经》的日子，从事木工工作的人在这一天都要回来参加盛大的庆典，

鲁班庙

鲁班雕像

杀猪宰羊，搭台唱戏，祭祀鲁班，并抬着鲁班木像在各村巡游，这已成为当地民众一个重要的节日。尽管各地"鲁班节"的日子有所不同，但工匠们在这一天休工并举行祭祀鲁班的活动却是一样的。

此外，每逢年节人们也要祭祀祖师。如北京的皮箱行在其所立的祖师庙碑中云："我皮箱行工艺，乃我始祖公输先师创造。后辈徒孙赖依糊口，流传至今……年例清明节合行会祭，祗答神庥，以报先师功德于万一。"为示不忘祖师鲁班创业之功,皮箱业全员每逢年节都要到祖师庙参加祭祀,以报答祖师的恩德和功劳。

在我国,祠庙的祭祀活动分国家祭祀、地方祭祀、民间祭祀三种。前两种都是由官方主办或参与举办的,如古代宫廷在天坛、社稷坛举办的祭天祭地活动,各地在文庙举办的祭孔活动等。民间祭祀一般没有官方背景,而是由民间团体主办的。鲁班祠庙的祭祀活动就属于后者。由于鲁班先师不仅被同业工匠视为祖师,同时,它还是一种道德力量的化身,具有更普遍的社会教化作用,所以,相比其他行业的祖师信仰,鲁班信仰早已超越了本行业的小范围,

鲁班的祭祀习俗也早已变成具有更广泛社会意义的社会活动。因此,许多地方举行鲁班祭祀活动时会有地方官员参与和社会各界参与,活动搞得颇有声势。

除了到祠、庙等场所祭祀鲁班外,建筑业还有许多祭祀鲁班的习俗,例如:人们盖房上梁时要举行祭祀鲁班的仪式。祭祀要择黄道吉日,届时,人们将墨斗、曲尺、斧头、瓦刀等放在供桌上,工匠领班和户主沐手奉香,祭拜之后领班高喊:"鲁班来得早,此刻上梁好!"众工匠才动工上梁。甘肃瓜州县的木匠上梁时往往要唱鲁班歌,木匠师傅手捧着一盘糖果、糕点,一步一步登上竹梯子,边登边唱:"脚踩楼梯步步高,皇母娘娘把

手招。今问鲁班哪里去？紫金梁上走一遭。"

我国的回族、白族、彝族、壮族、苗族、瑶族、布依族、土家族等少数民族也有不同形式的祭祀鲁班的活动。例如：云南白族在上梁时要举行隆重的拜梁、祭梁的仪式，除了祭祀本主、祖宗，也要祭祀鲁班。

新中国成立后，各地在举行鲁班纪念活动时，去除了一些封建色彩，充实了尊重劳动、尊重劳动人民的内容，在某种意义上，鲁班的形象已然成为勤劳智慧的劳动人民的代表。

就当代建筑业而言，鲁班精神一直是该行业的精神支柱和终极追求。1987年，中国建筑业联合会设立了"中国建筑工程鲁班奖"（现

| 鲁班先师神像 |

| "鲁班奖"奖杯 |

名"中国建设工程鲁班奖"），简称"鲁班奖"，为全国建筑工程最高奖项，已成为国家级优质工程的标志和企业信誉的象征。

千百年来，鲁班作为"平民圣人"，不仅是营造业优秀工匠的杰出代表，也是社会各界的道德楷模。历朝历代，人们对鲁班既有物质层面的技术传承，也有精神层面的信仰传承。在当代社会，鲁班精神依然具有强大的生命力，具有重要的社会价值。鲁班精神体现了我国劳动人民勤奋好学、勇于创新、精技强能、诚信敬业、乐于奉献、敢于担当的优良传统，是中华民族的宝贵精神财富。近年来，国家在各行各业大力提倡"工匠精神"，对为社会主义建设事业做出贡献的"大国工匠"大力表彰，这些做法都是对鲁班精神的弘扬和传承。

图书在版编目（CIP）数据

鲁班 / 荣新编著；黄景春本辑主编. -- 哈尔滨：黑龙江少年儿童出版社，2021.10（2022.7 重印）
（记住乡愁：留给孩子们的中国民俗文化 / 刘魁立主编. 第十辑，民间信俗辑）
ISBN 978-7-5319-6692-0

Ⅰ．①鲁… Ⅱ．①荣… ②黄… Ⅲ．①公输般（约前507年-前444年）－生平事迹－青少年读物 Ⅳ．①K826.16-49

中国版本图书馆CIP数据核字(2021)第210498号

记住乡愁——留给孩子们的中国民俗文化　　　刘魁立◎主编
第十辑 民间信俗辑　　　　　　　　　　　　　黄景春◎本辑主编
鲁班 LUBAN　　　　　　　　　　　　　　　　荣　新◎编著

出 版 人：	张　磊
项目策划：	张立新　刘伟波
项目统筹：	华　汉
责任编辑：	王冬冬
整体设计：	文思天纵
责任印制：	李　妍　王　刚
出版发行：	黑龙江少年儿童出版社
	（黑龙江省哈尔滨市南岗区宜庆小区8号楼　150090）
网　　址：	www.1sbook.com.cn
经　　销：	全国新华书店
印　　装：	北京一鑫印务有限责任公司
开　　本：	787 mm×1092 mm　1/16
印　　张：	5
字　　数：	50千
书　　号：	ISBN 978-7-5319-6692-0
版　　次：	2021年10月第1版
印　　次：	2022年7月第3次印刷
定　　价：	35.00元